Nico et
le village
maudit

Henri Lebrun

hachette
FRANÇAIS LANGUE ÉTRANGÈRE

www.hachettefle.fr

Couverture : Anne-Danielle Naname
Conception de la maquette intérieure : Isabelle Abiven
Mise en page : Anne-Danielle Naname
Secrétariat d'édition : Cécile Schwartz
Illustrations : Denis Viougeas
Mise en couleur : Isabelle Glenaz

ISBN : 978-2-01-155598-4
© Hachette Livre 2008, 43, quai de Grenelle, 75905 Paris Cedex 15.

Sommaire

L'idée de Nico

— Allez Zoé, encore un petit effort ! On y est presque.

— Non, j'en ai marre ! Ça fait cinq jours qu'on pédale et je suis fatiguée !

Pour les vacances de Pâques, Nico a emmené Zoé, Rémi, Maïa et Thomas découvrir la région du Vercors[1] à vélo. Il commence à le regretter…

1. Le Vercors : grand parc naturel près des Alpes.

Chaque jour, ils font entre quarante et soixante kilomètres, c'est leur cinquième jour, et c'est difficile, avec toutes ces côtes et le soleil qui est presque aussi fort qu'en été. Le matin, ils ont du mal à se réveiller. Pourtant le paysage est splendide : là-bas, des montagnes ; ici de grands arbres qui cachent une rivière. Nico ne la voit pas encore mais il l'entend.

– Tu vas voir, dans le village où nous allons, il y a plein de magasins. Tu vas pouvoir dépenser tout ton argent de poche !

Mais Zoé ne parle plus, elle est toute rouge et pédale en silence, la tête dans le guidon.

Nico écoute la rivière. Ah, comme il aimerait se baigner dans l'eau fraîche et s'allonger dans l'herbe… Soudain il a une idée ! Hier soir, il a lu dans le guide touristique que cette rivière mène à un lac[2], à côté d'un village abandonné. D'après le guide, des choses terribles se sont passées là-bas, il y a très longtemps. Aujourd'hui plus personne n'habite et ne va dans ce lieu maudit. Mais Nico connaît bien ses copains de la MJC ; il sait qu'ils adorent l'aventure et qu'ils adorent les histoires qui font peur ! Pourquoi donc ne pas aller visiter le village maudit ? Et puis ils ont de la nourriture dans leurs sacs, ils vont pouvoir déjeuner comme des rois au bord du lac.

---

2. Un lac : une grande étendue d'eau à l'intérieur des terres.

L'idée est excellente mais il faut faire vite. Encore deux minutes pour choisir : continuer tout droit vers le village avec les magasins et les touristes ou bien tourner à gauche vers le village maudit.

– Zoé, ça va ?

– Laisse-moi Nico, je suis de mauvaise humeur.

– Écoute, hier soir, avant de dormir, j'ai vu dans le guide qu'il y a un village abandonné[3], tout près d'ici. Les habitants sont partis, il y a des années, à cause d'une malédiction[4]…

---

3. Abandonné : délaissé, désert.
4. Une malédiction : une fatalité, un destin fâcheux.

Zoé lève la tête.

– Une malédiction ?

– Oui. Une histoire avec des Bêtes de feu.

– *Des Bêtes de feu ?*

– Personne n'a jamais vu ces bêtes et personne ne sait comment elles sont mais les habitants du village croient qu'elles vont revenir un jour.

– Tu veux dire qu'elles sont *déjà* venues ?

– Oui, plusieurs fois, il y a longtemps.

– Oh, mon Dieu, c'est horrible ! Des Bêtes de feu… Il s'appelle comment, ce village ?

– Le Villard.

– Et il est où ?

– Là-bas. Regarde. Tu entends la rivière ? Elle va tout droit, puis elle tourne à gauche vers ce grand rocher[5]. C'est là. Ce n'est pas loin. Ça t'intéresse ?

---

5. Un rocher : une petite montagne.

Chapitre 2

La première bête

Le Villard est un vieux village de montagne. Il a peut-être plus de 500 ans. Aujourd'hui, c'est un village mort : les portes des maisons sont ouvertes, des arbres poussent au milieu de la grand-rue et il y a des pierres partout. Il faut descendre de vélo.

Nico a l'impression d'être le héros d'un livre de science-fiction qui arrive sur une planète

déserte : où sont les habitants ? que s'est-il passé ? L'ambiance est inquiétante mais il est journaliste ; il adore les mystères et il est curieux de comprendre.

L'enquête commence. Il remarque qu'il n'y a pas de voiture abandonnée dans la rue ni de meubles dans les maisons : les gens ne sont pas partis dans la panique[1], ils ont tout emporté avec eux. Il remarque aussi que certaines maisons sont encore en bon état mais que d'autres ont brûlé, il y a longtemps. Les Bêtes de feu ?

Thomas et Maïa marchent derrière lui et se parlent à voix basse. Ces deux-là sont amoureux, et rien d'autre ne les intéresse. Ils ne font pas attention aux rues désertes. Pour eux, le Villard est le plus beau village du monde.

Zoé n'est pas du même avis. Elle est terrorisée[2]. Les Bêtes de feu pourraient sortir à chaque instant d'une maison… elle imagine des bêtes monstrueuses aux grands yeux rouges et à la bouche pleine de dents. Et pourtant, elle aimerait bien voir quelque chose : avec l'appareil de Thomas, elle photographie les arbres, les maisons, les magasins abandonnés. Chaque fois qu'elle entend un bruit, elle sursaute. Heureusement, les

---

1. La panique : la peur.

2. Être terrorisé : avoir très peur.

seules bêtes qui vivent ici sont les petits oiseaux des montagnes.

Rémi, lui, est déjà devant l'église, au bout du village. Celle-ci n'est pas beaucoup plus grande que les vieilles maisons du Villard. Elle semble en bon état. Les murs sont debout et la porte est fermée. Derrière, les montagnes noires du Vercors forment un décor inquiétant[3].

– Venez voir ! J'ai trouvé une Bête de feu !

De loin, on a l'impression que Rémi est à côté d'une grosse bête rouge et blanche. Vite, Zoé, Thomas, Maïa et Nico accourent.

---

3. Inquiétant : étrange, qui fait peur.

– Mais… C'est une vache !

– Ah ! Ah ! Ah ! Rémi est très content de sa blague. Vous avez eu peur, hein ?

– Très drôle, Rémi ! Qu'est-ce que cette vache fait dans ce village abandonné ?

Zoé ne connaît rien aux animaux – elle vit dans une grande ville – et elle ne sait pas vraiment quoi penser.

– C'est ça, les Bêtes de feu ?

– Non, répond Maïa. Mais il y a certainement quelqu'un dans l'église.

– Tu crois ?

– Oui. Vous avez vu que la porte est fermée ? C'est à cause de la vache. Chez moi, au Maroc, ma grand-mère a une vache qui la suit[4] partout comme un chien. Je crois que quelqu'un habite encore dans le village.

– Mais les maisons sont abandonnées.

– Peut-être pas toutes.

Les regards de Zoé et des autres se tournent vers l'église.

---

4. Suivre : aller avec quelqu'un.

– Maïa a raison, dit Nico. Il y a quelqu'un à l'intérieur. On va voir ?

– Et si la porte se referme derrière nous avec un bruit horrible ? demande Zoé. Et si on ne peut plus sortir ?...

Chapitre 3
La quatrième malédiction

Ils entrent.

La vieille porte ne se referme pas derrière eux avec un bruit horrible mais ils entendent une voix.

Quelqu'un est là, dans le noir. Quelqu'un leur parle.

Leurs yeux s'habituent à l'obscurité. L'église est presque entièrement vide. Il n'y a pas de tableaux ni de décorations. Il y a seulement une chaise. Sur cette chaise, une vieille femme est assise. Elle semble encore plus vieille que la grand-mère de Maïa. Elle porte de longs vêtements noirs, ses yeux sont doux et tristes, et elle a la peau sombre des gens qui vivent au soleil. Les mots sortent lentement de sa bouche.

– Qu'est-ce que vous faites ici ? Il ne faut pas rester dans le village. Il faut partir. Partez. Le dernier jour arrive…

Zoé, Maïa, Thomas et Rémi ont peur. Qui est cette vieille femme ? Que fait-elle, seule dans cette église ? Pourquoi leur dit-elle de partir ?

« La pauvre, elle doit être un peu folle[1] » se dit Nico.

– Vous habitez ici ? demande-t-il à voix haute. Vous pouvez peut-être nous renseigner. Nous avons lu dans l'histoire du village qu'il existe une malédiction avec des Bêtes de feu. Vous savez ce que c'est, les Bêtes de feu ?

– Non. Mais je connais la malédiction. Elle est dans le Livre.

---

1. Fou, folle : qui n'a plus sa raison.

La vieille femme ferme les yeux. Elle semble réfléchir. Enfin elle prononce ces mots :

« Quand le 2 sera sur la louve[2]
Et le 8 sur Ammon,
Les Bêtes de feu ressortiront.
Blanches mains, âmes[3] rouges
Et la fin brusquement[4]. »

– Qui a écrit ça ? » demande Nico.

– Le Livre est aussi vieux que le village. Personne ne sait qui l'a écrit.

– Mais qu'est-ce que ça veut dire, *les Bêtes de feu ressortiront* ?

– Je ne sais pas. Partez. Le dernier jour arrive.

– Nous ne pouvons pas partir. Vous avez besoin d'aide. Vous ne pouvez pas rester toute seule dans ce village. Je vais appeler quelqu'un.

– Vous croyez que je suis folle, n'est-ce pas ? Si, si, je le vois bien. Mais je ne suis pas folle. Tenez, pour vous montrer que j'ai toute ma tête, je vais vous expliquer le début de l'énigme[5]. *Quand le*

---

2. Un loup, une louve : animal sauvage de la famille du chien.

3. Une âme : une vie, un esprit.

4. Brusquement : très vite.

5. Une énigme : un mystère.

2 sera sur la louve et le 8 sur Ammon… La *louve*, c'est Rome – vous connaissez l'histoire de la louve romaine qui a nourri[6] Romulus et Remus. Le *2 sur la louve*, cela veut dire le deuxième mois de l'année romaine, c'est-à-dire avril. Vous n'avez sans doute jamais entendu parler d'Ammon mais vous connaissez l'histoire de son père, Loth : la femme de Loth se transforme en statue de sel dans la Bible. Dans le mot Ammon, il y a deux *m*. En chiffres romains, *MM* veut dire 2000. *Quand le 2 sera sur la louve et le 8 sur Ammon*, cela signifie donc en avril 2008.

---

6. Nourrir quelqu'un : donner à manger à quelqu'un.

– Mais nous sommes en avril 2008 ! murmurent[7] Thomas et Zoé.

Nico aussi est surpris. La date et les explications de la vieille femme sont très claires. Elle sait ce qu'elle dit, elle ne peut pas être complètement folle. Mais alors, pourquoi croit-elle à cette malédiction ? A-t-elle vu quelque chose ? Y a-t-il quelque chose qu'elle ne dit pas ?

– Vous avez déjà vu les Bêtes de feu ?

– Oui.

– Comment est-ce qu'elles sont ?

– Vous n'allez pas me croire. Personne ne m'a crue…

– Si, je vous écoute. Est-ce que ce sont de vraies bêtes ?

– Oui. Je les ai vues pendant la guerre. Elles sont dans la forêt, derrière le village. Elles existent vraiment, vous savez. Des bêtes hautes comme des maisons, toutes rouges…

– Comme… des vaches ? demande Zoé.

Cette question très simple provoque une réaction étrange chez la vieille femme. Elle s'arrête brusquement et semble terrorisée.

---

7. Murmurer : dire à voix basse.

– Oui, oui… C'est exactement cela… Comme des vaches… J'ai peur, je crie… Papa me prend dans ses bras, nous courons dans la forêt… Il y a des explosions… Cache-toi, Félicité, cours, cours vite !…

Puis elle se tait[8] de nouveau.

Nico pose une main sur son épaule. Il comprend qu'elle revit les choses terribles de son enfance.

– C'est votre père qui a trouvé les Bêtes de feu ou c'est vous ?

– C'est mon père… Une nuit, il me les a montrées… J'ai eu très peur…

8. Se taire : ne plus parler.

– Et après la guerre, vous les avez revues ?

– Non…

– Vous ne vous rappelez pas où elles sont ?

– Une toute petite fille… Comment retrouver le chemin ?… Mais elles sont dans la forêt, je les ai vues, il faut me croire…

Chapitre 4

Le lac

Une heure plus tard, Nico, Zoé, Rémi, Maïa et Thomas pique-niquent au bord du lac, entre le rocher du Villard et la montagne. Les vélos sont couchés dans l'herbe et les cinq amis mangent le pain frais, la charcuterie, le fromage et les pommes achetés le matin même. Enfin, il est temps de se détendre[1] après tant d'émotions fortes.

---

1. Se détendre : se reposer.

Nico observe la petite rivière qu'il a entendue ce matin. Elle passe entre quelques arbres avant de terminer son chemin dans les profondeurs bleutées du lac. Nico aimerait bien rester ici un jour ou deux. Dans son journal, *Le Petit Lyonnais*, il écrit seulement de courts articles. Il est encore jeune, il n'a pas beaucoup d'expérience. Mais tout peut changer. S'il trouve la solution de l'énigme, s'ils découvrent les Bêtes de feu, il pourra écrire à son tour un vrai reportage et les autres journalistes le respecteront lui aussi.

Thomas et Maïa acceptent de rester au Villard. Rémi aussi.

– Et toi Zoé ? Tu ne dis rien ?

– Je ne sais pas… Pour le moment je n'ai pas peur. Il fait beau, il y a du soleil… Mais cette nuit ? Tu crois vraiment à cette histoire de Bêtes de feu ?

– Oui. Dans toutes les énigmes, il y a du vrai. Mais je n'arrive pas à comprendre comment c'est possible. Félicité a vu quelque chose pendant la guerre. Mais quoi ?

– C'est peut-être des tanks, les Bêtes de feu.

– Pas mal ton explication ! Mais je crois que Félicité a découvert quelque chose d'autre. Elle ou son père. Vous avez vu son visage quand tu as parlé des vaches ?

– Pourquoi est-ce qu'elle ne peut pas se rappeler ?

– Parce qu'elle a eu un choc. Une petite fille dans la guerre, tu imagines… Un enfant voit des choses qu'il ne comprend pas. Mais les bêtes existent. J'en suis sûr ! Elles sont dans la forêt.

Les pieds dans l'eau, Rémi écoute d'une oreille distraite la conversation. Il réfléchit. Lui aussi est persuadé que Félicité a vu quelque chose qu'elle n'a pas compris, à cause de son âge, à cause de la guerre. Mais cette chose ne se cache pas dans la forêt. Il ne sait pas à quoi ressemblent les Bêtes de feu mais il sait que le feu ne reste pas longtemps dans une forêt sans provoquer d'incendie[2]. Il connaît un meilleur endroit pour

---

2. Un incendie : un grand feu.

cacher du feu, et cet endroit est juste devant lui :
cet endroit, c'est le lac.

Rémi a appris à nager avant de savoir marcher.
À 10 ans, il faisait son premier kilomètre en crawl.
Aujourd'hui, à 13 ans et demi, il est capable de rester
presque deux minutes sous l'eau sans respirer. L'été
dernier, il est allé en vacances avec ses parents en
Corse, au sud d'Ajaccio. Ils ont fait de la plongée[3].
Un jour ils ont découvert une grotte[4] sous-marine
aussi grande qu'une cathédrale. Ils y sont retournés
le lendemain et ont déjeuné là, sous la mer.

Rémi repense à ce souvenir de vacances. Si les
Bêtes de feu sont restées toutes ces années près
du Villard sans provoquer d'incendie, c'est parce
qu'elles sont cachées sous le lac, dans une grotte.
Il ne sait pas à quoi elles ressemblent, mais c'est
là qu'elles vivent, il en est sûr. C'est le seul endroit
où elles peuvent être cachées. Et il est le seul, ici,
à pouvoir les retrouver, car il est le seul à pouvoir
nager sous l'eau pendant plus d'une minute.

Doit-il parler de son projet à Nico ? Inutile. Il
connaît la réponse : « C'est trop risqué et tu es
trop jeune ! »

---

3. La plongée : sport qui se pratique sous l'eau.
4. Une grotte : une cave naturelle dans une montagne,
   sous la mer, etc.

Pourtant ce n'est pas risqué de nager sous l'eau quand on est bien entraîné[5]. Et puis ce n'est pas une question d'âge, c'est une question de talent. Quand on aime quelque chose, l'âge n'a pas d'importance. Mais Nico ne va pas le croire. Tant pis, il ne lui dira rien.

Le pique-nique est terminé. Les autres se lèvent pour aller explorer[6] la forêt :

– Rémi, tu viens ?

– Euh… allez-y, je vous rejoins. Je suis un peu fatigué. Je préfère rester dormir une heure ou deux au bord du lac.

Nico n'insiste pas. Après tout, ils sont sur la route depuis cinq jours et Rémi est le plus jeune…

– Bien… si tu veux. Mais tu surveilles les vélos, d'accord ?

Rémi reste seul…

---

5. S'entraîner : préparer une activité sportive.
6. Explorer : partir à la découverte d'un endroit.

Chapitre 5

La main blanche

Dans la forêt, les quatre amis oublient vite les Bêtes de feu : Thomas essaie de grimper aux arbres, Maïa saute d'un rocher à l'autre, Nico observe les oiseaux et Zoé prend toutes les fleurs en photo. En milieu d'après-midi, ils reviennent vers le village. Le guide indique un chemin de montagne qui conduit à la grotte de la Dame Blanche.

Ils sont curieux de découvrir cet endroit. Le chemin passe au-dessus du village maudit. Ils voient les maisons, le lac juste en dessous, et même les vélos et les sacs posés là où ils ont mangé. Mais…

– Tiens, c'est bizarre on ne voit pas Rémi, s'étonne Nico. Vous le voyez ?

– Non.

– Bah, répond Thomas, il dort sûrement un peu plus loin. Ou bien il s'est fait dévorer vivant par les horribles Bêtes de feu !

– Décidément, tu es vraiment très drôle aujourd'hui ! s'exclame Zoé.

Zoé n'a pas envie de plaisanter. Ils sont arrivés devant la grotte.

L'entrée est petite et étroite. Il y fait froid comme en hiver ; pourtant c'est le printemps et le soleil chauffe dehors.

– Pourquoi elle s'appelle la Dame Blanche ?

– C'est une vieille légende[1] qui raconte que le fantôme d'une femme sort de cette grotte et se promène dans la forêt, les nuits de pleine lune.

---

1. Une légende : une histoire où les faits réels sont mêlés au merveilleux.

– On va l'explorer ? demande Maïa.

– Vous êtes fous, dit Zoé. Moi je n'entre pas là-dedans !

Elle ne veut pas mais elle est bien obligée : elle n'a pas envie de rester toute seule dehors à attendre les autres. Nico a pensé à emporter une lampe de poche. Il entre le premier, suivi de Maïa, Zoé et Thomas.

La grotte semble assez profonde. Au bout de quelques mètres, ils n'entendent plus rien. Ils ont l'impression de marcher au centre de la Terre. De gros rochers noirs apparaissent dans la lumière de la lampe. Ils ne peuvent plus avancer. Il y a eu un incendie, ici, et même une explosion. Mais quand ? se demande Nico.

– Écoutez ! dit soudain Maïa.

Une pierre vient de tomber sur le sol. Elle ne doit pas être très grosse mais le bruit est effrayant. Nico et ses amis ne bougent[2] pas pendant une longue minute. Ils se taisent. Ils écoutent.

– Cet endroit est horrible. Il ne faut pas rester ici !

– Chut, Zoé. Écoutez ! dit de nouveau Maïa.

---

2. Bouger : faire des mouvements.

Une autre pierre. Puis une autre encore.

– Vite ! murmure Nico. Le plafond est en train de tomber. Il faut sortir !

Ils courent vers la seule chose qu'ils voient : la lumière du soleil, ce petit rayon blanc qui leur indique la sortie. Plus ils avancent et plus les pierres tombent.

– Vite ! crie Nico. On va rester enfermés à l'intérieur ! Tous les quatre courent aussi vite que possible.

Enfin ils sont à l'air libre. Jamais ils n'ont été aussi contents de sentir la chaleur du soleil.

Aucun bruit anormal ne sort de la grotte. Tout est exactement comme tout à l'heure. Le village est toujours sur le rocher et le lac est toujours bleu. Ont-ils rêvé ? Ils se sentent un peu ridicules d'avoir eu peur.

– Mais… où est Zoé ?

– Elle n'est pas sortie ? demande Nico.

– Zoé ? Zoé ? crient Thomas et Maïa.

Aucune réponse. Zoé est restée à l'intérieur.

Il faut retourner la chercher.

– Restez ici, dit Nico. J'y vais.

– Non ! On vient avec toi !

Ce n'est pas le moment de discuter. Chaque seconde compte.

Ils entrent de nouveau dans la grotte. Il fait noir et froid. Ils ne peuvent pas crier le nom de Zoé. S'ils crient, le plafond va tomber sur eux. Ils avancent lentement, s'arrêtent à chaque pas ; écoutent puis font un nouveau pas en avant. Ils ont peur d'entendre des pierres tomber. Mais tout semble calme, maintenant.

Enfin ils la voient. Elle se tient debout, dans le noir, paralysée[3] par la peur.

---

3. Être paralysé : ne plus pouvoir bouger.

– Viens, murmure Nico. C'est dangereux, il faut sortir.

– J'ai… j'ai vu une main entre les rochers. Une main blanche, comme dans la malédiction…

– Mais non, tu n'as rien vu, il n'y a rien. Viens vite.

– Si ! J'ai vu une main dans une lumière rouge. Regarde !

Une nouvelle pierre tombe.

Nico regarde dans la direction que lui indique Zoé.

Il y a une lumière entre les rochers noirs, une lumière rouge. Ce n'est pas un rayon de soleil, le soleil est bien trop loin, ils sont au fond de la grotte ; c'est une lumière qui vient de derrière les rochers. Puis il entend quelque chose, là, quelque chose qui essaie de sortir, quelque chose de vivant. Si c'est un animal, il est énorme – plus gros qu'un loup sans doute !

Et soudain, dans la lumière rouge, Nico voit une main, une main blanche. Il se rappelle alors les paroles de la malédiction : « Blanches mains, âmes rouges… »

Puis la main disparaît et une voix sort des rochers :

– *Y a quelqu'un ?*

Cette voix, c'est la voix d'un jeune garçon. Nico connaît cette voix… C'est la voix de Rémi !

– Rémi ? C'est toi ?

– Aidez-moi, je ne peux pas sortir.

– Mais par où tu es passé ?

– Je suis entré par le lac. J'ai plongé et j'ai trouvé l'entrée d'une grotte sous l'eau. La grotte est immense. Il y a du matériel de guerre en très bon état.

– Quoi ? Du matériel de guerre ?

– Oui !

– C'est quoi cette lumière rouge ?

– C'est une vieille lampe à pétrole. Elle marche très bien. Et j'ai découvert les Bêtes de feu. Vous savez ce que c'est ? Des animaux préhistoriques[4].

– Quoi ?

– Oui, ils sont dessinés sur les murs de la grotte ! Ils sont partout !

---

4. Préhistorique : d'une période très ancienne de l'humanité.

Chapitre 6

La fin des malheurs

Tous les jours chez votre marchand de journaux

Le Petit Lyonnais

Mardi 8 avril 2008   1,20 euro

DES JEUNES DE LA MJC DÉCOUVRENT UNE GROTTE PRÉHISTORIQUE DANS LE VERCORS

Il va falloir des mois pour explorer toutes les richesses de la grotte du Villard. Mais deux choses déjà sont sûres : ce site archéologique est l'un des plus beaux de France et il va attirer des touristes du monde entier. Notre envoyé spécial[1], Nicolas Rivoire, a participé à la découverte.

---

1. Un envoyé spécial : un journaliste sur place.

L'histoire commence en 1943. Cette année-là, des résistants du Vercors découvrent un passage dans la grotte dite de la Dame Blanche. Ce passage conduit à une salle aux murs couverts de peintures préhistoriques. Ils y cachent du matériel de guerre.

Mais en 1944, les tanks ennemis attaquent le Vercors ; tous les résistants[2] du Villard sont tués et le secret de ces trésors de la préhistoire disparaît avec eux, pour plus d'un demi-siècle...

Jusqu'au jour où quatre jeunes de la MJC de Lyon vont passer leurs vacances dans la région. Un jour, ils entendent parler du Villard, un village plusieurs fois maudit, et plusieurs fois détruit. La dernière malédiction qui pèse sur le village parle de « Bêtes de feu ». Personne ne sait ce qui se cache derrière ces mots. Mais la chance est du côté de nos jeunes amis. Du côté de Rémi surtout, qui, au risque de sa vie, découvre l'entrée de la grotte dans les eaux d'un lac.

Aujourd'hui l'énigme est résolue : les Bêtes de feu, ce sont les peintures des animaux qui vivaient dans les forêts du Vercors, il y a plus de 30 000 ans !

Le Villard va pouvoir recommencer à vivre. Il va falloir réparer les maisons, construire une route, des hôtels, et penser aussi à l'environnement. La région est superbe, ce serait dommage de ne pas la préserver.

Mais les anciens habitants du Villard n'ont plus peur de l'avenir. Après tant d'années de désespoir, ils croient de nouveau à leur chance.

Brutalement, la fin des malheurs...

Interview des jeunes de la MJC, p. 2
Témoignage[3] de Félicité Culioli, la dernière habitante du Villard, p. 3

---

2. Un résistant : une personne qui s'oppose à une occupation ennemie.
3. Un témoignage : le récit d'une personne qui a vécu les faits.

Activités

Coche la bonne réponse.

1. Que font Nico, Zoé, Thomas, Rémi et Maïa dans le Vercors ?
a. Ils chassent les oiseaux. ⃝
b. Ils participent à une course cycliste. ⃝
c. Ils découvrent la région à vélo. ⃝

2. Pourquoi sont-ils fatigués ?
a. Ils font beaucoup de kilomètres à vélo chaque jour. ⃝
b. Ils dansent toutes les nuits. ⃝
c. Les oiseaux font du bruit la nuit. ⃝

3. Pourquoi Zoé est-elle toute rouge ?
a. Elle est timide. ⃝
b. Elle est fatiguée à cause du vélo. ⃝
c. Elle a fait une bêtise. ⃝

4. Pourquoi Nico connaît le village maudit ?
a. Il l'a déjà visité. ⃝
b. Des amis lui ont parlé de ce village. ⃝
c. Il a lu son histoire dans le guide touristique. ⃝

5. Qu'y a-t-il dans le village abandonné ?
a. Une élection. ⃝
b. Une compétition. ⃝
c. Une malédiction. ⃝

6. Comment vont-ils déjeuner ?
a. Ils vont manger la nourriture qu'ils transportent avec eux. ⃝
b. Ils vont aller au restaurant. ⃝
c. Ils vont pêcher des poissons dans le lac. ⃝

7. Les Bêtes de feu ont tué les habitants du Villard.
a. Oui. ⃝
b. Non. ⃝
c. On ne sait pas. ⃝

2 Associe les expressions du récit à leur définition.

1. « On y est presque. »
a. On va tomber !
b. Nous sommes bientôt arrivés.
c. Nous avons encore un peu soif.

2. « J'en ai marre ! »
a. Je veux voir la mer !
b. Ça me fait rire !
c. Je ne suis pas content(e) !

3. « Ils ont du mal à se réveiller. »
a. Ils n'arrivent pas à sortir du lit, le matin.
b. Ils préfèrent se réveiller de bonne heure.
c. Ils ne comprennent pas ce qu'on leur dit.

4. « L'argent de poche. »
a. L'argent qui reste quand on a fini les courses.
b. L'argent oublié dans ses poches.
c. L'argent que les parents donnent aux enfants.

5. « Je suis de mauvaise humeur. »
a. Je ne sais pas raconter les histoires drôles.
b. Je vois tout en noir.
c. Je ne suis pas sportif.

3 Remets les légendes au bon endroit et complète-les.

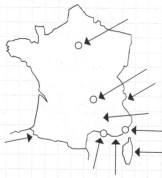

a. Une principauté : _ _ _ _ _ _
b. Des montagnes : les _ _ _ _ _ _ _ _
c. Un port célèbre : _ _ _ _ _ _ _ _ _
d. Des plages : la côte d'_ _ _ _
e. La capitale : _ _ _ _ _
f. Une grande ville : _ _ _ _ .
g. Un parc naturel : le _ _ _ _ _ _ _
h. Une île : la _ _ _ _ _
i. Des montagnes : les _ _ _ _ _

Chapitre 2

4 · Chasse l'intrus.

1. un village – un habitant – une ville – une capitale – une cité
2. une rue – une route – un boulevard – un passant –
une avenue
3. une maison – une habitation – un logement –
un appartement – une église
4. un garage – une salle de bains – une chambre –
une entrée – un salon
5. un camion – un vélo – une moto – une trottinette –
un vélomoteur

5 · Associe les animaux à ce qui les caractérise.

1. une vache
2. une poule
3. un coq
4. un mouton
5. un cheval   **a.** avec des pattes
6. un âne   **b.** avec des ailes
7. un papillon
8. un aigle
9. une chèvre
10. un canard

Chapitre 3

6 · Retrouve les douze mots cachés dans la grille.

Horizontalement

1. Les habitants du Villard sont partis à cause d'elle.
2. Une louve l'a nourri.
3. Zoé est dans cet état quand elle entre dans le village.
4. Soudain.
5. C'est la première chose qu'ils entendent dans l'église.
6. Un habit.

Verticalement

A. Un endroit avec beaucoup d'arbres.
B. Les paroles en sortent.
C. Parler à voix basse.
D. Dans cette histoire, elle est rouge.
E. Félicité y attend le dernier jour.
F. Le noir.

G	R	U	K	H	D	T	E	V	J	I	R	S
Z	S	M	A	L	E	D	I	C	T	I	O	N
F	G	U	R	R	A	X	M	H	Y	D	B	N
O	U	R	T	N	R	O	M	U	L	U	S	U
R	L	M	O	M	W	I	E	S	G	O	C	Q
E	Q	U	F	A	S	S	I	R	Z	V	U	B
T	E	R	R	O	R	I	S	E	E	S	R	A
D	W	E	S	D	Y	N	Q	B	J	U	I	X
C	B	R	U	S	Q	U	E	M	E	N	T	S
I	O	B	A	W	M	M	I	J	G	T	E	V
P	U	L	L	E	R	S	O	P	L	Z	N	E
J	C	X	A	F	T	L	V	O	I	X	H	C
S	H	I	M	E	O	A	L	L	S	O	N	S
V	E	T	E	M	E	N	T	X	E	F	E	G

En français, certains mois conservent une trace du vieux calendrier romain. Par exemple dans *décembre*, il y a la racine de *dix* : à Rome, *décembre* était le dixième mois de l'année. Peux-tu trouver d'autres exemples ?

Chapitre 4

8. Vrai ou Faux ? Justifie ta réponse.

	Vrai	Faux
1. Nico et ses copains déjeunent au village.	☐	☐
2. Nico écrit des grands reportages dans *Le Petit Lyonnais*.	☐	☐
3. Thomas et Maïa ont envie de rester au Villard.	☐	☐
4. Rémi pense que les Bêtes ne sont pas dans la forêt.	☐	☐
5. Nico veut bien que Rémi explore le lac.	☐	☐
6. Après le pique-nique, ils décident tous de faire une sieste.	☐	☐
7. Rémi est le plus jeune membre de l'équipe.	☐	☐

9. Voici la liste des éléments pour réussir un pique-nique. Chasse les intrus.

du pain – de la pluie – des amis – un beau paysage – des boissons fraîches – du temps – du vent – de la charcuterie – de l'appétit – un dessert – assez de nourriture pour tout le monde – des mouches – de la tranquillité

10. Déchiffre les deux charades et découvre les mots mystérieux.

Ex. : Mon premier est le contraire de *laid*. Mon deuxième est entre la tête et les épaules. Mon tout veut dire *très*. Réponse : beau – cou → beaucoup.

1. Mon premier est un meuble où on dort.
Mon deuxième se boit.
Mon troisième se trouve au milieu du visage.
Mon tout est un habitant d'une grande ville près du Vercors.

2. Mon premier indique qu'une chose est à moi.
Mon deuxième est le contraire de *beau*.
Mon troisième désigne la façon dont on parle.
Mon tout annonce l'arrivée des Bêtes de feu.

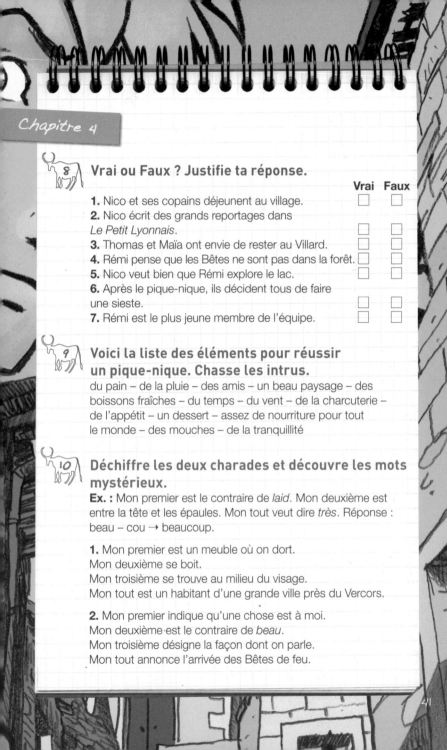

Chapitre 5

Mots croisés. Aide-toi des définitions pour compléter cette grille.

Horizontalement

1. Nico et ses copains ont peur qu'il leur tombe sur la tête.
2. C'est une bête.
3. Monter, escalader.
4. Il porte le Villard.
5. Qui a reçu une malédiction.
6. Un bruit très fort.
7. La Dame Blanche y habite.

Verticalement

A. C'est une période de l'Histoire très ancienne.
B. La Dame Blanche en est un.
C. Risqué.
D. Elle apparaît dans le ciel, la nuit.
E. Masculin de *ma*.
F. Il dure douze mois.
G. Une vieille histoire fantastique.

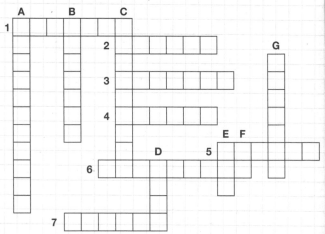

 12 Qu'est-ce qu'on peut mettre dans un sac à dos ? Chasse les intrus.

un sac de couchage – des livres – du matériel d'escalade – une grotte – des chaussettes – de la nourriture – une radio – une tente – une serviette de bain – un bonnet – du courage – une lampe de poche – une bouteille d'eau – des rochers

 13 Voici trois résumés du chapitre 5. Un seul est correct. Lequel ?

Résumé 1

Après le déjeuner, Nico et ses amis vont se promener dans la forêt. Ils rencontrent une femme habillée en blanc qui leur explique qu'il se passe des choses bizarres dans une grotte. Ils vont voir. À l'intérieur de la grotte, ils entendent une explosion. Ils croient que c'est un fantôme. Mais en fait c'est Rémi qui a fait tomber sa lampe.

Résumé 2

Dans la forêt, Nico et ses amis découvrent la grotte où vit la Dame Blanche. Ils veulent parler à cette mystérieuse vieille femme mais celle-ci se met en colère. Quand ils ressortent, ils s'aperçoivent que Zoé et Rémi ne sont plus avec eux : ils sont prisonniers de la Dame Blanche, qui est en réalité la gardienne des Bêtes de feu.

Résumé 3

En explorant une grotte dans la forêt, Nico et ses amis entendent des bruits terrifiants. D'abord ils croient que le plafond va leur tomber sur la tête, puis ils s'aperçoivent que ces bruits sont ceux d'une créature qui essaie de sortir de la grotte. Soudain ils voient une main, et cette main est celle de Rémi.

14 Est-ce que tu as compris qui sont les « Bêtes de feu » et les « âmes rouges » ? Explique-le en une trentaine de mots.

 15 Déchiffre les charades et découvre les mots mystérieux.

1. Les Anglais boivent très souvent mon premier.
Mon deuxième est une partie de l'année.
Mon troisième est la lettre *g*.
Mon quatrième est une façon d'avancer dans l'eau.
Mon tout est le récit qu'on fait d'une chose vue.

2. Mon premier correspond à une bougie sur un gâteau d'anniversaire.
Mon deuxième est le contraire de *mort*.
Mon troisième désigne la forme d'un ballon de foot.
Mon quatrième est les deux dernières syllabes du mot *étonnement*.
Nous vivons tous dans mon tout.

 16 Rémi donne une interview. Imagine les questions du journaliste et les réponses de Rémi.

Corrigés

 1. c – **2.** a – **3.** b – **4.** c – **5.** c – **6.** a – **7.** c

 1. b – **2.** c – **3.** a – **4.** c – **5.** b

 a. La capitale : Paris – **b.** Une grande ville : Lyon – **c.** Des montagnes : les Alpes – **d.** Un parc naturel : le Vercors – **e.** Une principauté : Monaco – **f.** Une île : la Corse – **g.** Des plages : la Côte d'Azur – **h.** Un port célèbre : Marseille – **i.** Des montagnes : les Pyrénées

 1. un habitant – **2.** un passant – **3.** une église – **4.** un garage – **5.** un camion

 a. : 1, 4, 5, 6, 9 – **b. :** 2, 3, 7, 8, 10

G	R	U	K	H	D	T	E	V	J	I	R	S
Z	S	M	A	L	E	D	I	C	T	I	O	N
F	G	U	R	R	A	X	M	H	Y	D	B	N
O	U	R	T	N	R	O	M	U	L	U	S	U
R	L	M	O	M	W	I	E	S	G	O	C	Q
E	Q	U	F	A	S	S	I	R	Z	V	U	B
T	E	R	R	O	R	I	S	E	E	S	R	A
D	W	E	S	D	Y	N	Q	B	J	U	I	X
C	B	R	U	S	Q	U	E	M	E	N	T	S
I	O	B	A	W	M	M	I	J	G	T	E	V
P	U	L	L	E	R	S	O	P	L	Z	N	E
J	C	X	A	F	T	L	V	O	I	X	H	C
S	H	I	M	E	O	A	L	L	S	O	N	S
V	E	T	E	M	E	N	T	X	E	F	E	G

 septembre → sept

octobre → octo = huit (un octogénaire, un octogone)

novembre → neuf

1. Faux : « ils pique-niquent au bord du lac » – **2.** Faux : « il écrit seulement de courts articles » – **3.** Vrai – **4.** Vrai – **5.** Faux : « il ne lui dira rien » – **6.** Faux : « les autres se lèvent pour aller explorer la forêt » – **7.** Vrai

 de la pluie – du vent – des mouches

1. lyonnais (lit – eau – nez) – **2.** malédiction (ma – laid – diction)

	A	**B**		**C**						**G**		
1	P	L	A	F	O	N	D					
	R		A	**2**	A	N	I	M	A	L		G
	E		N			N						L
	H		T	**3**	G	R	I	M	P	E	R	E
	I		O			E						G
	S		M		R	O	C	H	E	R		E
	T		E			E			**E**	**F**		N
	O					U	**D**		**5**	M	A	U	D	I	T
	I			**6**	E	X	P	L	O	S	I	O	N	E
	R						U			N		
	E						N					
			7	G	R	O	T	T	E			

 une grotte – du courage – des rochers

Résumé 3

Production libre

 1. témoignage (thé – mois – g – nage) – **2.** environnement (an – vie – rond – nement)

Production libre

46

Notes

Imprimé en Espagne par Cayfosa Impresia Ibérica
Dépôt légal: 01/2013 Collection nº 41 - Edition 03
15/5597/6